Quel animal a ceci?
LA QUEUE

AMY CULLIFORD

Un livre de la collection Les racines de Crabtree

Crabtree Publishing
crabtreebooks.com

Soutien de l'école à la maison pour les parents, les gardiens et les enseignants

Ce livre aide les enfants à se développer grâce à la pratique de la lecture. Voici quelques exemples de questions pour aider le lecteur ou la lectrice à développer ses capacités de compréhension. Les suggestions de réponses sont indiquées en rouge.

Avant la lecture :

• De quoi ce livre parle-t-il?
- • *Je pense que ce livre parle de queues.*
- • *Je pense que ce livre parle d'animaux qui ont une queue.*

• Qu'est-ce que je veux apprendre sur ce sujet?
- • *Je veux savoir à quoi ressemblent les différentes sortes de queues.*
- • *Je veux savoir quels animaux ont une queue.*

Pendant la lecture :

• Je me demande pourquoi...
- • *Je me demande pourquoi les animaux ont besoin d'une queue.*
- • *Je me demande si des animaux ont une queue plus longue que celle du lémurien.*

• Qu'est-ce que j'ai appris jusqu'à présent?
- • *J'ai appris que certains animaux ont une queue poilue.*
- • *J'ai appris que les baleines ont une grosse queue.*

Après la lecture :

• Nomme quelques détails que tu as retenus.
- • *J'ai appris que les queues des animaux peuvent être de différentes tailles et couleurs.*
- • *J'ai appris que les animaux qui ont une queue vivent dans toutes sortes d'habitats.*

• Lis le livre à nouveau et cherche les mots de vocabulaire.
- • *Je vois le mot **lémurien** à la page 4 et le mot **baleine** à la page 8. Les autres mots de vocabulaire se trouvent à la page 14.*

Quel **animal** a une longue **queue** comme ça?

Un **lémurien**!

Quel animal a cette grosse queue?

Une **baleine**!

Quel animal a cette queue **poilue**?

Un **chat**!

Liste de mots

Mots courants

a	grosse	un
cette	longue	une
comme	quel	

La boîte à mots

animal   **baleine**   **chat**

lémurien   **poilue**   **queue**

26 mots

Quel **animal** a une longue **queue** comme ça?

Un **lémurien**!

Quel animal a cette grosse queue?

Une **baleine**!

Quel animal a cette queue **poilue**?

Un **chat**!

Quel animal a ceci?
LA QUEUE

Autrice : Amy Culliford
Traduction : Translingua Associates, Inc.
Conception : Bobbie Houser
Développement de la série : James Earley
Correctrice : Kathy Middleton
Conseils pédagogiques : Marie Lemke, M. Éd.
Photographies :
Shutterstock : Lauren Bilboe : cover; ecuadorplanet :
p. 1; dangdumrong : p. 3, 14; yakub88 : p. 5, 14;
Tory Kallman : p. 7, 14; Earth theater : p. 8-9, 14;
sweeth2o : p. 10, 14; Oleksandr Volchanskyi : p. 13-14

Crabtree Publishing

crabtreebooks.com   1-800-387-7650
Copyright © 2023 Crabtree Publishing
Au Canada
: Nous reconnaissons l'appui financier du
gouvernement du Canada par l'entremise du
Fonds du livre du Canada pour nos activités
de publication.

Printed in Canada/042023/CPC20230419

Publié au Canada
Crabtree Publishing
616 Welland Ave.
St. Catharines, ON, L2M 5V6

Publié aux États-Unis
Crabtree Publishing
347 Fifth Ave,
Suite 1402-145
New York, NY 10016

Library and Archives Canada Cataloguing in Publication
Available at Library and Archives Canada

Library of Congress Cataloging-in-Publication Data
Available at the Library of Congress

Paperback: 978-1-0396-8811-7
Ebook (pdf): 978-1-0396-9442-2
Epub: 978-1-0396-8844-5
Read Along: 978-1-0396-8874-2